UNE CHANSON

EN L'HONNEUR DU GLOSSATEUR MARTIN

ET DE SON FILS GUILLAUME

DI

JEAN ACHER

PALERMO
STAB. TIP. DITTA L. GAIPA—EDITORE
VIA MAUROLICO 46
1910

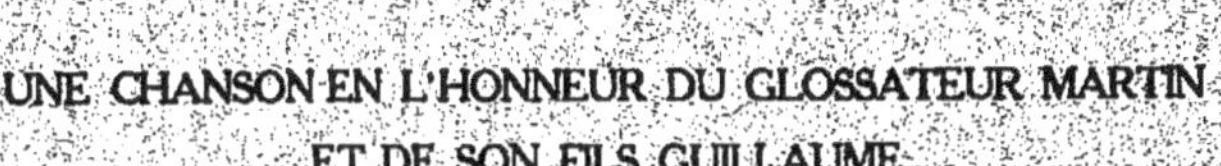

UNE CHANSON EN L'HONNEUR DU GLOSSATEUR MARTIN ET DE SON FILS GUILLAUME

DI

JEAN ACHER

La chanson publiée ici n'est pas inédite. M. Gaudenzi l'a éditée
dans son livre sur 'Lo studio di Bologna nei primi due secoli della
sua esistenza' (Bologna 1901) p. 132 sqq., en remarquant que cette
poésie 'quantunque pubblicata non ricordo dove, è rimasta pressochè
ignota'. Je ne connais pas l'édition à laquelle M. Gaudenzi fait allusion; la sienne, donnée dans un livre facilement accessible, aurait
rendu superflue une nouvelle publication de la chanson, si le texte
en était correct. Malheureusement, M. Gaudenzi semble n'avoir eu
à sa disposition qu'une copie très défectueuse du ms., et son édition, où plusieurs vers manquent et où d'autres sont estropiés, n'est
guère utilisable. Le texte n'étant pas long, il n'y a pas d'inconvé-
nient à le publier de nouveau en entier.

C'est le ms. Bibl. Nat. lat. 4615, décrit par Anschütz ([1]), qui
nous a transmis le texte de notre chanson. Elle y a été copiée sur
la deuxième colonne du verso du dernier feuillet au moyen d'une
encre très noire, alors que ce qui précède est tracé à une encre
beaucoup plus pâle. Cette circonstance permet de supposer que notre
pièce a été ajoutée, après coup, sur la colonne laissée vide par le
scribe des colonnes précédentes. L'écriture en est fort belle. C'est
une minuscule très soignée qui peut dater de la deuxième moitié du
XIIe siècle ou du commencement du XIIIe siècle. La loi de Wilhelm
Meyer (de Spire) sur les liaisons des lettres n'y est pas encore observée. Dans les mots 'po**et**arum' 2, 'a**po**nere' 11, 'o**pe**s' 23, 'lepido' 43, les groupes imprimés ici en caractères gras sont à la vérité liés, mais ce sont là des exemples isolés. L'r a toujours la forme
droite, même quand il est précédé d'un o. La forme courbe ne se
rencontre qu'une fois 'fortunati' 45 (et dans l'abréviation de la fi-
nale '-rum' dans le mot 'meliorum' 30). De même l's courbe n'est

---

([1]) 'Summa legis Longobardorum' (Halle 1870), p. 10 sqq.

employée qu'une fois 'iuventuti⁶' 34; on remarquera qu'elle y est
suscrite; il n'y a pas d'exemple d's courbe à la ligne. Par contre,
c'est la forme courbe de **d** qui est constante; le **d** droit manque
complètement. —La rime de chaque couplet est séparée du corps des
vers; elle n'est mise, bien entendu, qu'une fois pour chaque couplet.

Le thème de notre chanson est l'éloge intéressé du glossateur
Martin et de son fils Guillaume. L'appel à la bourse de ce dernier
est glissé, non sans esprit, dans l'envoi de la pièce, envoi qui est
adressé à Guillaume seul. Les deux légistes se voient naturellement
attribuer les qualités les plus flatteuses. La science et la bonté de
Martin sont sans bornes, et Guillaume ne le lui cède que par son
âge. La seule chose remarquable dans ces louanges, ce sont les connaissances médicales, évidemment merveilleuses, que le poète prête
à Martin (11 sq.).

M. Gaudenzi (loc. cit.) a conclu de notre chanson que 'a un
certo momento Martino si ritirò dall'insegnamento, e si pose a dare
gratuitamente consulti ai suoi concittadini, e Guglielmo prese allora
il quarto luogo nell'almo consesso'. Cette conclusion semble un peu
précipitée. Et d'abord, le poète ne parle nulle part de conseils 'gra-
tuits' de Martin. Il mentionne à la vérité sa largesse (23 sq.), mais
quand il passe aux conseils (25 sqq.), il se borne à en louer le caractère équitable et à dire que les savants aussi bien que les ignorants
s'en trouvent bien ('inconsultus' 27 a le sens de dévoyé, malheu-
reux, comme v. fr. 'desconseillé'). Quant à l'enseignement de Martin, il n'y a rien à tirer du fait que le poète ne compte pas notre glossateur parmi les Quatre Docteurs (39 sqq.): il fallait faire place au
fils, et l'on ne pouvait pas parler de cinq docteurs, le vocable de
'Quattuor Doctores' étant invariable. Le père, qui surpasse tout
le monde (6), n'est pas compté: il a une situation à part.

A lire notre chanson on ne se douterait pas qu'on est en présence
d'une composition musicale. 'Loqui' 4, 'dixero' 8, 'scribere' 29
semblent indiquer une poésie non chantée; 'tibie vatum' 30 pourrait
être une expression figurée ne tirant pas à conséquence. Il ne faut
pourtant pas hésiter à reconnaître dans notre pièce une poésie chantée,
une chanson au sens propre du mot. Comme toute la poésie lyrique
contemporaine, la petite pièce publiée ici était destinée à être chantée
et non déclamée. Si la mélodie n'en est pas notée dans le ms., c'est
qu'elle devait être connue. Les chansons comme la nôtre emprun-
taient l'air à une composition en vogue. Pas plus que les sirventés
en langue vulgaire, un sirventés latin n'avait besoin d'être pourvu

d'une mélodie originale. Un sirventés d'écolier—le nôtre semble bien
en être un—, moins que les autres: les chansons des étudiants se
chantent habituellement sur des airs d'emprunt, le talent musical étant
moins fréquent que le talent poétique. Et cela explique pourquoi
l'auteur évite de parler du chant: il ne fournit que les paroles.

La musique n'étant pas notée dans le ms., il est impossible de
dire sur quel air devait se chanter notre texte. Mais si nous sommes
forcés de renoncer à connaître le contour mélodique de la chanson,
nous pouvons en reconstituer sûrement le rythme. Le vers employé
par le poète est le vers bien connu, que les médiévistes allemands
nomment 'Vagantenzeile' (¹): – ◡ – ◡ – ◡ – | – ◡ – ◡ – ◡. C'est du moins
le schéma qu'on en donne habituellement. Je préfèrerais écrire
– ◡ – ◡ – ◡ – | – ◡ – ◡ – –, pour une raison que je préciserai dans
un instant. Ce rythme, dont le plus ancien exemple connu est d'A-
bélard (²), a été très répandu dans la poésie lyrique latine du moyen
âge. Les trouvères ne le dédaignaient pas non plus. Je citerai les
deux chansons anonymes 'En mai quant florissent pré Et rose
est novele' Raynaud 'Bibl.' n. 469; Beck 'Mel. d. Troub.' n. 18
et 'Ma dame me fait chanter De joli corage', Raynaud,
n. 816, Beck n. 19 et le refrain de 'Renart le Novel': Ja ne serai
sans amour En tote ma vie, Beck n. 31.

Le principe de l'interprétation modale découvert par M. J-B.
Beck (³) permet de préciser le mouvement du rythme des 'vagants'.
Examinons d'abord la première partie du vers. Les sept syllabes qui
la constituent et qui forment une phrase musicale complète, ainsi que
l'indique la pause prosodique, ont une terminaison masculine. Après
l'avoir retranchée, nous remarquerons que chaque syllabe tonique est
suivie d'une atone, ce qui indique un mode à deux éléments. En
plaçant les barres de mesure en conséquence: | – ◡ | – ◡ | – ◡ | –,
nous constatons que les toniques du texte se placent sur les premiers
éléments (les frappés) des mesures, ce qui est la caractéristique du

---

(¹) Ce vers est disposé ici en quatrains rimant ensemble.

(²) Wilh. Meyer (de Spire) 'Gesammelte Abhdl. z. mittellatein. Rythmik', I,
(Berlin 1905) p. 308.

(³) Exposé pour la première fois dans la revue strasbourgeoise 'Caecilia'. XXIV
(1907) p. 97, dans un article sommaire dont le but est de dévoiler le plagiat commis au
détriment de l'auteur par M. Pierre Aubry. Démonstration complète: 'Die Melodien
der Troubadours' (Strasbourg, Truebner, 1908). Esquisse élémentaire: 'La musique des
troubadours', p. 35 sqq. (Paris 1910).

premier mode (¹). Nous obtenons donc pour la première 'distinctio' musicale la formule : | ♩ ♪ | ♩ ♪ | ♩ ♪ | ♩ ♪ |.

En refaisant la même analyse rythmique pour la seconde partie du vers, nous obtenons, pour les deux premières mesures, la formule : | ♩ ♪ | ♩ ♪ |. Pour ce qui est des deux dernières syllabes formant la rime féminine, on peut se demander si elles remplissent une mesure unique : | ♩ ♩ ♪ |, ou bien si le principe de la carrure de la phrase musicale (Hugo Riemann) n'y doit pas être appliqué. On sait en effet que la rime féminine des vers de moins de huit syllabes (sept syllabes suivant le comput français) est partagée souvent (²) en deux mesures de manière que la phrase musicale entière remplisse quatre mesures, | ♩ ♪ | ♩ ♪ | ♩. | ♩ ♪ | dans notre cas.

C'est à cette dernière hypothèse que vont nos préférences. Les vers dits 'des vagants' semblent avoir été chantés sur deux phrases musicales symmétriques formant ensemble une période de huit mesures. C'est du moins ce que nous apprennent les notations 'mesurées' de trois chansons françaises que j'ai citées tout à l'heure (³). Le mouvement rythmique de notre chanson est donc : | ♩ ♪ | ♩ ♪ | ♩ ♪ | ♩ ♪ ‖ ♩ ♪ | ♩ ♪ | ♩. | ♩ ♪ |, et c'est la raison qui nous a fait faire des réserves sur le schéma traditionnel où la dernière syllabe ne reçoit pas d'accent.

Comme toutes les chansons composées dans le rythme du premier mode, notre texte présente des interversions prosodiques, des vers où un ou plusieurs accents toniques ne correspondent pas aux frappés des mesures musicales. M. Wilhelm Meyer (de Spire), qui a été le premier à étudier scientifiquement ces interversions, y voit des changements réels du rythme ('Taktwechsel') (⁴). D'après le savant médiéviste nous devrions accentuer 'Facúndus et éloquéns' 3, 'Libénter aggréderér' 4, etc. (schéma : ∪⊥∪∪⊥∪⊥). Tant que pour l'étude de la versification on ne disposait que des méthodes traditionnelles de la philologie, cette conclusion devait paraître inattaquable. Toutefois, les vers lyriques du moyen âge étant des vers chantés et

---

(¹) J. B. Beck 'Die Melod. der Troubadours', p. 131 sq.

(²) Et non pas toujours, comme le prétend M. H. Riemann. Voy. J. B. Beck 'Melod. d. Troubadours', p. 171 sqq.

(³) Voy. les transcriptions de M. J. B. Beck 'Melod. der Troubadours' aux numéros indiqués.

(⁴) Wilh. Meyer (de Spire) 'Der Ludus de Antichristo und üb. die latein. Rythmen' (1882) réimprimé dans 'Gesamm. Abhandl. z. mittell. Rythmik', I, 1905, p. 183 sqq., p. 261 sqq.

non des vers déclamés, la théorie de M. Wilhelm Meyer ne saurait se passer de l'épreuve de la critique musicale.

Cette épreuve, il ne pouvait pas être donné à M. Wilh. Meyer de la faire, pour cette raison très simple que la musicologie n'était pas assez avancée au moment où il posait les principes de la versification médiévale. Le caractère modal du chant monodique au moyen âge n'était pas encore établi; le rythme latent des compositions notées en écriture quadrangulaire non plus. Grâce à M. J.-B. Beck nous connaissons aujourd'hui l'un et l'autre, et nous pouvons faire en toute sécurité la critique musicale de la théorie du 'Taktwechsel'.

A priori, un changement de mode — car dans la musique modale du moyen âge tout changement de mesure équivaut à un changement de mode —, dans une composition comme la nôtre ne paraît pas très probable. Il est difficile, en effet, de supposer que chaque couplet du poème ait été chanté sur un air différent. Quelque qu'ait été le développement de la mélodie, il n'embrassait certainement pas les douze quatrains de la pièce, mais s'arrêtait après la première ou les premières strophes pour être repris avec les suivantes. Or, si les interversions prosodiques avaient correspondu aux changements rythmiques réels, on aurait observé, ce semble, une certaine régularité dans leur distribution, et c'est précisément ce qu'on ne constate pas. Dans notre chanson, l'interversion se produit, dans le premier hémistiche, aux vers 3, 4; 9, 11; 19; 21, 22, 23; 47, 48; dans le deuxième, au vers 22. Je ne pense pas que les interversions prosodiques soient distribuées plus régulièrement dans d'autres chansons composées dans le rythme des 'vagants'. Cela ne parle pas en faveur de la théorie de M. Wilhelm Meyer.

Une autre considération vient à l'appui de cette constatation. De même que les compositions latines, les chansons en langue vulgaire présentent de ces interversions prosodiques. Le mss. dont la musique est écrite en notes mesurées nous apprennent pourtant que ces interversions ne comportent, en principe, aucun changement rythmique (¹). Pour ce qui est des vers des 'vagants', les trois chansons citées au début de cette étude prouvent péremptoirement la constance du rythme en dépit des interversions prosodiques. Voici le premier couplet de la chanson 'Ma dame me fait chanter', Beck 'Melod. de Troub.',

____

(¹) Je dis 'en principe', car le moyen âge admettait des changements de mode dans certains cas, voy. J.-B. Beck 'Melod. der Troubadours', p. 167; 'La musique des Troubadours', p. 51.

n. 19 en notation originale (Bibl. Nat. ms. fr. 846) accompagnée de
la transcription en notes modernes (¹):

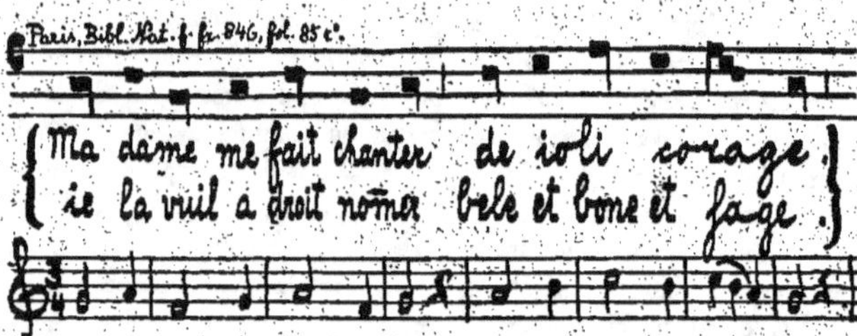

On accentuera dans 'Má dámé me fait chantér' et non 'Ma
dáme me faít chantér'. De même dans la chanson 'En mai quant
florissent pré', Beck n. 18, on accentuera, dans la deuxième période musicale, 'Chévauchoie léz un blé Tóte uné sentélé,
et dans le refrain de 'Renart le Novel: Já ne sérai sans amoúr
Én toté ma víé', Beck, n. 31.

Ce dont s'accommode la langue maternelle, doit convenir à plus
forte raison à une langue morte, apprise à l'école. Les accents des
mots latins devaient se plier aux nécessités rythmiques du chant tout
aussi bien que les accents français ou provençaux (²). 'Facúndus et
éloquéns' 3 n'a pas de raison d'être en présence de 'Má damé
me fait chantér'.

On sait que les interversions dans les vers latins obéissent à
certaines règles. M. Wilh. Meyer a établi qu'on ne les rencontre pas
à n'importe quelle place du vers (³). Dans le premier hémistiche du

---

(¹) Je dois ce cliché à l'obligeance de M. J.-B. Beck, à qui j'adresse ici tous mes
remerciements. Le texte musical communiqué ici est celui de la deuxième période musicale de la chanson. Dans la première période, le ma, porte, à la cinquième mesure, sur
le mot 'de' une 'brevis.' Sur cette faute, fréquente dans le ms., voy. 'Melodien der
Troubadours', p. 122 note a.

(²) On en trouvera la preuve décisive en consultant les mss. latins pourvus de notes
mesurées. Il en existe certainement. Mes connaissances très restreintes de paléographie musicale ne me permettant pas de lire la plupart des notations mesurées (très compliquées
souvent, comme l'on sait), j'ai dû renoncer à cette démonstration directe. J'ose espérer
que celle qui est présentée dans le texte suffira pour les besoins de cette étude.

(³) 'Gesammelte Abhandlungen', I, 183 sqq., 261 sqq. Toutes les règles établies
par M. Wilh. Meyer, qu'elles concernent l'interversion ou toutes autres particularités
des vers rythmés, continuent à être vraies; l'interprétation modale des chansons du moyen

vers des 'vagants', l'interversion ne se produit qu'a une seule place: $\cup\!\!\perp\!\cup\cup\!\perp\!\cup\!\perp$. Cette règle est observée par notre chanson; les dix cas (¹) d'interversion dans le premier l'hémistiche (3, 4; 9, 11; 19; 21, 22, 23; 47, 48) sont tous conformes au schéma de M. Wilh. Meyer. L'interversion dans le deuxième hémistiche ne peut affecter que la forme $\cup\!\perp\!\cup\cup\!\perp\!\perp$, et notre vers 22 suit encore cette règle (²). C'est encore une observation des règles habituelles que la proportion entre les nombres des interversions dans les deux hémistiches: le deuxième hémistiche est bien moins exposé à l'interversion que le premier. Dans 'Facundus et eloquens' 3, 'Libenter aggrederer' 4, 'Patronus iustitie' 19, l'interversion porte sur un seul mot. On sait qu'en principe, on la faisait porter sur deux mots, mais cette règle n'est rien moins qu'absolue. Presque tous les vers des 'vagants' se permettent de l'enfreindre (³).

TEXTE ET REMARQUES

Rythme : | ³/₄ ♩♩ | ♩♩ | ♩♩ | ♩♪ ‖ ♩♩ | ♩♩ | ♩. | ♩♪ |.

  I.   1. Si de fonte bibere   possem caballino,
          Ut mens esset ebria   poetarum vino,
       3. Facundus et eloquens   nectare divino
          Libenter aggrederer   loqui de Martino.

âge n'y porte aucune atteinte; elle impose quelquefois une explication nouvelle des faits constatés par M. Wilh. Meyer, mais elle doit accepter et accepte ces faits en eux-même. Le mérite de M. Wilh. Meyer reste donc entier. Tous ceux qui s'occupent de la poésie médiévale sont tributaires de l'auteur des 'Gesammelte Abhandlungen', ceux qui combattent certaines de ses explications plus peut-être encore que les autres, puisqu'ils sont obligés de lui emprunter tous leurs matériaux. Comme l'a fait observer très justement le regretté Ludwig Traube 'Karolingische Dichtungen', p. 111, M. Wilh. Meyer a mis 'an Stelle der Systematik der Vorurteile die Systematik der Thatsachen'. Il importe de le reconnaître.

(¹) 'Salomon iuditio' 35, 'Maior erit Bulgaro' 42, 'Jacobum iam superat' 43, sont des vers réguliers: les noms propres bibliques n'ont pas d'accent fixe (Wilh. Meyer, op. cit., I, p. 180). 'Jacobus' et 'Bulgarus' sont des proparoxytons au témoignage des langues romanes (fr. 'bougre'; fr. 'Jacques', it. 'Jacopo').

(²) 'Absalon decore' 35, est régulier, voy. la note précédente.

(³) W. Meyer, op. cit., I, p. 264.

II.   5. Qui cum sit vas artium,   legum mens et sinus,
         Sic legistis preminet   ut merice pinus,
      7. Et, ut verum fatear,   tantus est Martinus,
         Ut quodcunque dixero,   sit Martino minus.

III. 9. Est inter gramaticos   alter Priscianus,
         Eius est oratio   sermo Tullianus;
     11. Si velit aponere   febrienti manus,
         Is qui febrit hodie,   cras abibit sanus.

IV. 13. Callidus in logica   disputatione,
         Sophistarum laqueos   solvit ratione,
     15. Ne vel bos vel asinus   fiat de Platone,
         Set hec putat frivola   mentis homo bone.

V.   17. De Martini laudibus   totus clamat mundus,
         Quod in legum pagina   nulli sit secundus:
     19. Patronus iustitie,   prudens et facundus,
         Ius est ei predium,   lex est ei fundus.

VI. 21. Qui quamvis divitiis   affluat terrenis,
         Non minus est humilis,   non minus est lenis,
     23. Set opes inopibus   manibus dat plenis,
         Maxime scolaribus   nudis et egenis.

VII. 25. Hic est equus arbiter   et iurisconsultus;
         Cunsulit hunc sapiens,   consulit hunc stultus;
     27. Nullus eum consulens   abit inconsultus:
         Animi letitia   serenatur vultus.

VIII. 29. Laudes eius scribere   non est mihi datum;
          Laudent eum tibie   meliorum vatum.
      31. Nunc de patre transitum faciam ad natum;
          Memor ero breviter   eius probitatum.

IX. 33. A paternis artibus,   a paterno more
         Natus solo discrepat   iuventutis flore.
     35. Salomon iuditio,   Absalon decore,
         Causas tractat Tullii   vel Ulixis ore.

X.   37. Filius in omnibus   patrem inmitatur;
         Filii facundiam   pater admiratur.
     39. Inter legum dominos   quartus nominatur,
         Quamvis eloquentia   primus habeatur.

XI. 41. Vivat diu iuvenis   inventutis bone!
     Maior erit Bulgaro,   doctior Ugone,
   43. Iacobum iam superat   lepido sermone.
     Isti sunt tres domini,   tribus hunc prepone.

XII. 45. O Guilelme, gloria   patris fortunati,
     Qui maturis moribus   imperas etati,
   47. Hanc legem prestituo   tue largitati,
     Ne totum des aliis,   set reserva vati!

VARIANTES GRAPHIQUES ETC. : 5, 'vas artium] ms. : 'artium vas', avec le signe de transposition.—13. 'logica'] ms. : 'logiqua', avec une barre horizontale au-dessus d''i'.—16. 'mentis'] ms. : 'menti'.—18. 'nulli'] ms. : 'nullu', le dernier jambage étant exponctué.—20. 'est'] est suivi dans le ms. d'une 's' exponctuée'.—26. 'stultus'] ms. : 'sti(ultus)', 'i' étant exponctué (le scribe avait voulu écrire le mot en entier, mais s'était aperçu à temps que '-ultus' étant à la rime, ne devait être mis qu'une fois pour tout le couplet, séparé du corps des vers)—31. 'faciam'] om. ms. (—3).—33. 'artibus'] dans le ms. corrigé sur 'moribus'.—36. 'Ulixis'] ms. : 'ulicxis', 'c' étant exponctué.—40. 'Quamuis'] ms. : 'Quanuis', avec une barre horizontale au-dessus d'a.—46-47. sont intervertis dans le ms. mais un signe de transposition indique la correction.—48. 'aliis'] corrigé dans le ms. sur 'illiis', le scribe avait sans doute voulu écrire d'abord 'illis' mais s'est aperçu à temps de sa faute.

REMARQUES : 1. Allusion à l'Hippocrène (reconnue par Gaudenzi). 6. 'merice'. Forme dissimilée de lat. class. 'myrica'. L'y des mots grecs entrés tardivement dans le latin semble avoir reçu un son analogue à i. La dissimilation i-í > e-í, souvent attestée dans les langues romanes, remonte sûrement au latin vulgaire pour le mot 'vicinum' > *'vecinum'; pour les autres, la question prête à discussion. Quoi qu'il en soit, 'merica' est attestée dans le latin du moyen âge, voy. Du-cange-Henschel h. v.—15. Allusion à la théorie du syllogisme. Il est facile d'imaginer le sophisme visé ici, p. ex. 'Omnis homo est animal; Plato est homo; Asinus est animal; Ergo etc.' On sait que 'Plato' et 'asinus' sont souvent employés comme exem-ples dans les traités de logique en usage au moyen âge.—16. La correction de 'menti homo bone' du ms. en 'mentis homo bone' est imposée non seulement par la grammaire, mais encore par la ver-sification de notre chanson, où l'on évite soigneusement de faire suivre un mot à terminaison vocalique par un mot commençant par une voyelle. A remarquer le dédain du juriste pour la logique

Les personnes des Quatre Docteurs et de Guillaume, fils de Martin sont supposés être suffisamment connues des lecteurs pour qu'on ne s'y arrête pas ici. La date de la pièce est fournie par les vers 34, 41, 45 où Guillaume est présenté comme un jeune homme.

www.ingramcontent.com/pod-product-compliance
Lightning Source LLC
LaVergne TN
LVHW022257030726
842520LV00009B/2982